2017 年春天發行了寫眞書《歐派貓》（パイニャン）之後
我立刻開始飼養了 2 隻喵咪。

從原攝影助理的老家那兒認養了兩隻幼貓，
白色男寶取名叫 NIKO、條紋女寶取名叫 CANO（名字的由來就是 Nikon 與 Canon）。

嗯…不用多說就是「可愛」。
誇張地說，自從開始飼養喵咪後，我的人生起了很大的變化。
過著不論聚在一起或分開，心中某一處總是住著喵咪的人生。

U0080408

話說，我覺得這裡不是在討論喵咪的魅力，
雖然我認爲順從的狗狗也不錯，但任性的喵咪更適合我。
不受控制（不聽話）的喵咪，
他們不會按照我的想法行動，
但另一方面也會在意想不到的時候靠近（可愛）。

忽然覺得，喵咪就像女生一樣。
喵咪不會微微一笑，所以很多時候不知道牠在想什麼。
也許有人會因此而感到不安、或者感覺不適合，
但和這樣「未知卻又可愛的生物」一起生活，令人感到歡欣雀躍！

那麼，（雖然剩下篇幅不多）進入正題。
《歐派貓》進化（？）成了《歐派貓　第二弾》。
養喵咪之後就會明白，不喜歡抱抱的喵咪也是很多的。
不是「請在乎我」而是「請別在乎我」這樣。

《歐派貓　第二弾》成書，看著被兩個女生抱著玩耍的喵咪，
讀者朋友們可能會這麼想「這是個喵咪的快樂天堂」，
但從喵咪的角度也許並非如此。話說回來，臉上看不出變化、情緒也沒有高低起伏……
牠總是一副若無其事的表情看著我。

……這一點，再可愛不過了！

青山裕企

竹谷　空

歐派 π^2

貓 π^2 nyan

パイニャン

第2彈

青山裕企 aoyama yuki

瑞昇文化

竹谷
時

KOGUMA

HOSHIROU

RUI

桃

紅葉

牡丹

ALLELUJA

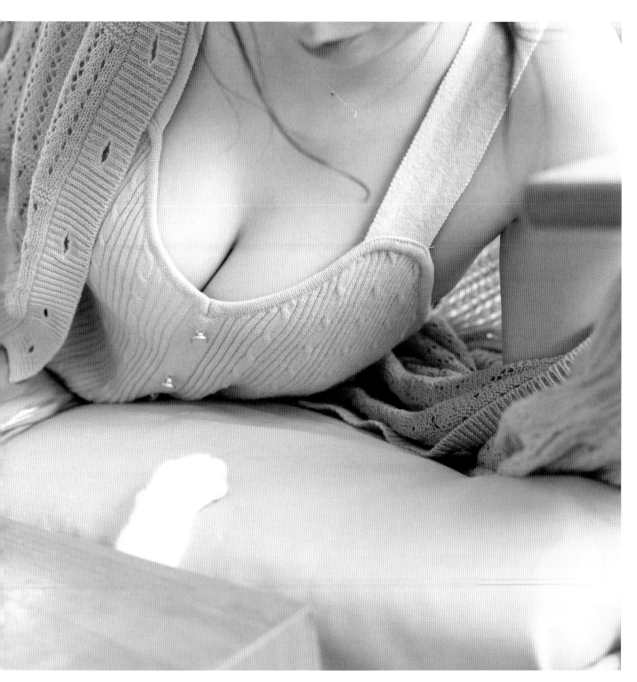

MEI

風
太

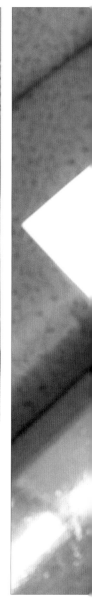

春
馬

HAKU

MOKU

TAMAGO

撮影協力 credit

竹谷 時&空 宅
こぐま 宅
ほしろー 宅
ハチ 宅
ルイ 宅
にゃっち&こにゃ 宅
モモナ 宅
はく&もく 宅

ロビン、たまご
猫カフェ きゃりこ 武蔵野店
http://catcafe.jp
住 所　〒180-0003 東京都武蔵野市吉祥寺南町1-5-7　雪ビル4F
TEL　0422-29-8353

アレルヤ、シャイニング
猫式
https://www.neko-shiki.net
住 所　〒213-0001　神奈川県川崎市高津区溝口1-20-10　東方ビル3F
TEL　044-814-0807

茶々丸、メイ、風太、春馬、こはく、ナイト、三葉
猫カフェもふにゃん
https://www.mofunyan.com
住 所　〒177-0041 東京都練馬区石神井町3-20-25-2F
TEL　03-6913-2516

ポテミ、まー、桃、すかい、紅葉、牡丹
猫雑貨と猫カフェのお店　猫の手
http://www.nekote.jp
住 所　〒277-0005　千葉県柏市柏3-7-21　椎名ビル401
TEL　04-7168-8629

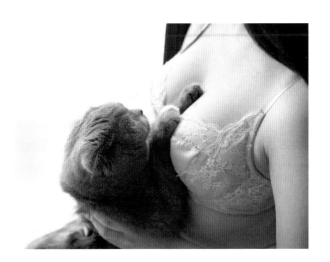

PROFILE

青山裕企（Aoyamo Yuki）

Mr.Portrait／寫真家　https://yukiao.jp

1978年出生於日本愛知縣名古屋市。畢業於筑波大學人類學類心理學系。2007年獲得『キヤノン寫真新世紀』的優秀賞。『ソラリーマン』『スクールガール・コンプレックス』『少女礼讚』等，是藉由上班族、女學生和少女等，反應日本社會存在的印記為主題，同時映照自己青春期思想與父親形象來從事作品的創作。著作發行包含『ネコとフトモモ』『バイニャン』等作品超過80本以上。
在負資產・零人脈的情況下，開始投入攝影20年，在上京（*譯註）獨立開業到現在，進入第15個年頭。用自己獨特的戰略，在攝影業界像「第一名企鵝」一樣不停地游動。最喜歡養貓（NIKO跟KANO）、企鵝跟短髮、終極陽光男。

*譯註：上京，京都市北部三条通以北、以御所（舊皇居）為中心的區域。

TITLE

歐派貓　第2彈

STAFF

出版	瑞昇文化事業股份有限公司
作者	青山裕企
譯者	闕韻哲
總編輯	郭湘齡
文字編輯	張聿雯　蕭妤秦
美術編輯	許菩真
排版	許菩真
製版	明宏彩色照相製版有限公司
印刷	龍岡數位文化股份有限公司
法律顧問	立勤國際法律事務所　黃沛聲律師
戶名	瑞昇文化事業股份有限公司
劃撥帳號	19598343
地址	新北市中和區景平路464巷2弄1-4號
電話	(02)2945-3191
傳真	(02)2945-3190
網址	www.rising-books.com.tw
Mail	deepblue@rising-books.com.tw

初版日期	2021年4月
定價	520元

ORIGINAL JAPANESE EDITION STAFF

デザイン	清水 肇［prigraphics］
校正	佐々木裕子
編集	岩川摩耶、松川美羽、アトリエコチ
Models	犬野ささみ、北口美愛、日下詩帆、coto、櫻井映瑠、須藤未悠、野上絵美（ふぇろ）、miku、ミライ、寄井
Special Thanks	石井かおる（猫式）、石田美也、一柳通隆・敦子、木村俊幸・原満陽子（LOOP HOLE）、坂井聖剛（ユニバ／猫カフェもふにゃん）、竹谷家のみなさん、福井隆文・松村早紀（猫カフェ きゃりこ）、帆足タケヒコ、三好琴美（猫雑貨と猫カフェのお店 猫の手）

國家圖書館出版品預行編目資料

歐派貓 第2彈 / 青山裕企作；闕韻哲譯. --
初版. -- 新北市：瑞昇文化事業股份有限
公司, 2021.04
　96面；18.2 X 18.2cm　公分
　譯自：バイバイニャン
　ISBN 978-986-401-483-5(平裝)
　1.動物攝影 2.攝影集

957.4　　　　　　　　　110004069